Am Rande wächst Unkraut

Sieglinde Herbolsheimer

Am Rande wächst Unkraut

Mit Zeichnungen
von Sieglinde Herbolsheimer

Bibliografische Informationen Der Deutschen Bibliothek:
Die Deutsche Bibliothek verzeichnet diese Publikation in der
Deutschen Nationalbibliografie; detaillierte bibliografische Daten
sind im Internet über <http://dnb.ddb.de>abrufbar.

1 Auflage Books on Demand GmbH 2005
ISBN 3-8334-3371-X

Zeichnungen Sieglinde Herbolsheimer

Herstellung und Verlag: Books on Demand GmbH, Norderstedt

Ich denke, also bin ich.

Cogito ergo sum.
(Descartes)

Wer unsere Träume stiehlt,

gibt uns den Tod.
(Konfuzius)

Sieglinde Herbolsheimer, Hobbymalerin und Hobbyautorin, wurde 1953 in Gollachostheim, in einem kleinen Dorf in Mittelfranken geboren. Sie lebt sei 28 Jahren in Wilhermsdorf, in der Nähe Nürnbergs. Über zwanzig Jahre in einem medizinischen Beruf als leitende Kraft tätig, lernte sie grundlegend um. Sie ist nun seit sieben Jahren im Beamtentum tätig, verheiratet und Mutter zweier Kinder. Seit diese flügge geworden sind, bleibt mehr Zeit für die Hobbys.

Sie ist vielseitig interessiert und liebt das Jonglieren der Wörter sowie das Spiel mit der Sprache. Zeit ihres Lebens hat sie schon immer Gedichte geschrieben, die jetzt zu einem Lyrikband zusammengefasst wurden.

Zur Erinnerung an meine Mutter

Meiner Mutter Hände

Meiner Mutter Hände,
sind von der Arbeit schwer,
da sie Tag und Nacht
an der Arbeit wacht.

Sie hat auch viele Kinder,
die sie tagein, tagaus versorg,
zu ihrer Arbeit sie sich
dann beugt.

Dieses Gedicht entstand in der 2 Klasse Volksschule.
Anlass war der Muttertag.
Nachdem der Lehrer dieses Gedicht, mit den Worten:
„Das hat deine Mutter gedichtet," nicht akzeptierte,
habe ich jahrelang kein Gedicht mehr geschrieben.
So können aufkeimende Ideologien zerstört werden.
Heute würde ich sagen verbale Gewalt.
Doch vergessen ist auch eine Zierte
und was verschüttet war, ist wieder an die Oberfläche
gekrochen Es möge sich der Leser selbst überzeuge.

WARUM

Warum machen wir uns immer von irgend jemandem ab-
hängig.

Warum sind wir nicht einfach wir selbst.

Wir sind einzigartig auf der Welt

 und haben ein Recht auf ein glückliches Leben,

das wir uns von niemandem zerstören lassen.

Lichtlos....

Die kleine Wolke nahm mir die Sicht
und als sie weg war,
erblickte ich Dich.

Wo warst Du, als ich Dich brauchte?

Sag mir nicht die Wolke war`s,
sag mir nicht,
sie nahm Dir die Sicht,
sag mir nicht,
die Sicht und das Licht.

Ich träume....

Ich träume mich zu Dir,

in Deine Arme,
in deine Nähe.
Du erträgst meine Sorgen,
Du lässt mich schweben.
Du bist der Tag,
die Nacht und der Morgen.
Du nimmst mir den Schleier,
Du lässt mich leben,
Du bist die Sonne,
die Wärme in mir.
Du bist die Hoffnung,
das Leben, der Sinn,
durch Dich weiß ich,
dass ich bin.

Ich träume mich zu Dir.

Liebe ist....

Liebe ist fröhlich,
Liebe ist heiter,
Liebe ist gut,
Liebe fordert Mut,
Liebe ist still,
Liebe ist betrübt,
Liebe ist weinen,
Liebe ist lachen,
Liebe ist bedrückt,
Liebe ist verrückt.

Verdammt noch mal und das alles ist Glück.

Ich wollte so gern....

Ich wollte so gern
Du gingst einen Teil
des Weges mit mir,
und wenn es nur
in Gedanken wär.
Du bräuchtest Dich
ja nicht zu entscheiden,
es wäre so viel
und ist doch zu wenig,
für uns beide.

Wortlos

Wenn Worte überflüssig sind,
wenn Dein Atem mich streift,
wenn Deine Nähe mich umgibt,
wenn Dein Blick in meinem ertrinkt,
wenn die Welt um mich versinkt,
wenn unausgesprochenes mich führt,
wenn flüchtige Berührungen mich entkleiden,
wenn wogende Wellen mich überrollen,
wenn schwebend über allem ich steh,
wenn ich vergeh
      vergeh
        vergeh.

Sag nicht diese Worte....

Sag nicht diese Worte,
die mir brennen auf der Haut,
mein Herz steht in Flammen
und den Verstand mir raubt.

Sag nicht diese Worte,
die mich schwindlig machen,
meine Stärke schmilzt dahin
und ich im Chaos versink.

Sag nicht diese Worte,
die mich in Seide hüllen
und die mich mit Träumen erfüllen,
im Irrgarten meiner Gefühle.

Ich hab Sehnsucht....

Ich hab Sehnsucht
nach einem Spaziergang
nach Züntersbach.
Nach farbigen, fallenden Laub,
nach leisen knacken der Äste,
nach reiner Luft und Morgentau.

Ich hab Sehnsucht.

Nach einem Sonnenstrahl,
nach Erde, die unter meinen Füßen klebt,
nach einem Blick,
der über die Hügel gleitet
und am meisten
nach einem netten Menschen,
der mich begleitet.

Ich hab Sehnsucht....

Ich weiß....

Ich weiß,
dass Deine Hoffnung auch meine ist.
Ich weiß,
dass meine geträumten Gedanken auch Deine sind.
Ich weiß,
dass Dein Wunsch auch meiner ist.
Ich weiß,
dass Dein schmerzhaftes Verlangen auch meines ist.
Ich weiß,
dass Deine ungesagten Worte auch die meinen sind.
Ich weiß,
dass unsere Gedanken sich treffen,
Ich weiß,
dass Dein Herz spazieren geht.

Denke an mich,
wenn Du in die Ferne blickst.
Denke an mich,
wenn Gedanken Dich streicheln.
Denke an mich,
wenn der Wind Dich streift.
Denke an mich,
wenn ein Duft Dich umwebt.
Denke an mich,
wenn das Schweigen Dich erdrückt.
Denke an mich....

Leider.............Abschied

Es war nur der Wind,
der ins Gesicht mir blies.
Es war keine Träne,
die mein Herz vergießt.

Es war nur der Abendhauch,
der mich frösteln ließ.
Der mir den Mund
und die Sinne verschließt.

Es war nur das Rauschen
der Bäume,
das mit mir schlafen ging.
Es waren keine Träume,
die durch meine Gedanken ziehn.

Es war nur die Kälte der Nacht,
die sich langsam an mich schmiegte.
Es war nicht der Schmerz,
der steigend über mich siegte.

Schwindelnde Höhe

Ich sahs in der Kutsche von Amor,
ich gleitete auf Adeles Schwingen empor.
Immer höher hinauf, mir schwindelte schon,
ich wurde übermütig davon.

Doch der Vogel wurde krank,
plötzlich tiefer er sank.
Er schmiss mich ab,
ich fiel herab,
verletzte mich sehr,
es schmerzte mehr und mehr.

Die Zeit heilt alle Wunden,
vergessen sind die Stunden.
Die Stimme, die innere mein,
leise sagt, lass das Fliegen sein.
Doch du töricht Menschenherz,
dummes Ding,
nur im Fliegen siehst du einen Sinn.

Trau Dich

Bist Du mutig,
so zeig es mir.
Spring ins kalte Wasser,
lass die Konventionen hinter Dir,
die Neider und die Gaffer.

Trenne Dich von festgefahrenen Schnüren,
von halbseidenen Gerede und lauen Schwüren.
Von Trägheit und Lethargie,
lass deine Ängste hinter Dir,
übernimm selbst die Regie.

Bekenne Dich zu Deinen Träumen,
sag einfach ja zu Dir,
wenn Du gehst.
Fülle die luftleeren Räume,
springe den Leben davon,
wenn Du stehst.

Vielleicht sinkst Du auf den Grund,
vielleicht tut es etwas weh.
Doch bist Du einmal unten,
kann es nur nach oben gehn.

Wer spring zu erst,
so sagst Du dann.
Du oder ich,
so frage ich bang
Wir wissen beide,
es muss geschehn.
Nimm mich bei der Hand,
lass uns gehen.

Ich möchte mit Dir....

Barfuss über Wellen schreiten,
über Dimensionen gleiten.
Einen Wassertropfen sprengen,
um den Erdenball mal rennen.

An der Seine spazieren gehn,
nachts den Sternenhimmel besehn.
Eine Fatahmorgana ergreifen,
und von den Pyramiden pfeifen.

Im Ozean um die Wette schwimmen,
den Mount Everest erklimmen.
Einen Sturm im Wasserglas erleben,
über Wolken schweben.

Das Ei des Kolumbus köpfen,
aus den Roten Meer mal schöpfen.
Mit Einstein diskutieren
und unbekanntes ausprobieren.

WARTEN

Ich hab nur eine Sekunde,

eine Sekunde an Dich gedacht.

Eine Sekunde wurde eine Minute,

eine Minute, eine Stunde.

Und aus einer Stunde

wurden Tage.

————————
————

Unendlich lange,

sehnsuchtsvolle,

unerfüllte Zeit.

————————
————

Du bist so weit.

Es tut nicht mal weh....

Es tut nicht mal weh,
wenn Du sagst, ich geh.
Kein Gedanke, keine Träne,
wird sagen, bleib hier.
Es musste so sein,
es war schön mit Dir.

Es tut nicht mal weh,
es berührt mich nicht mehr.
Deinen Entschluss,
zu gehn,
ich werd ihn verstehn.

Es tut nicht mal weh,
kein Blick, keine Frage,
wird bedeuten.
bleib hier.
Du kannst ruhig gehen,
ich verlang nichts von Dir.

Es tut nicht mal weh,
ich leide nicht mehr.
Es musste so sein,
die Zeit ist vorbei,
geh Deinen Weg,
Du bist wieder frei.

Keine Gestik, keine Mimik
hält Dich zurück.
Ich ging mit Dir,
dieses wunderbare Stück.

Es tut nicht mehr weh,
zu sagen

A D E

Und Morgen ist wieder ein Tag

Und Morgen ist wieder ein Tag
und Morgen bist Du wieder verzagt.
Du schwimmst auf der Welle,
bist Du oben, ist es gut,
bist Du unten, verlierst du den Mut.

So gespalten Dein Bewusstsein,
einmal gemocht,
dann wieder allein.
Du willst stromaufwärts
und nicht unten verweil`n.

Und Morgen ist wieder ein Tag
und Morgen bist Du wieder verzagt.
Du wartest und verrennst,
auf Dinge, die Du nicht kennst.

Du gibst die Hoffnung nicht auf
und weißt es nimmt doch seinen Lauf.
Du baust einen Mantel um Dich herum
und sagst, es macht Dir nichts aus.

Doch die Antwort darauf
bleibt wiederum stumm.
Und Du wartest auf Morgen,
denn Morgen ist Morgen.
Und Morgen ist wieder ein Tag,
und Morgen bist Du wieder verzagt.

Ich reiß Dich aus meinem Denken

Ich reiß Dich aus meinem Denken
und schütte mich mit Arbeit zu.
Ich will mich nicht verschenken,
und find doch keine Ruh.

Ich streich Deine Worte
aus meinem Gedächtnis
und renne dem Leben davon.
Ich will mich nicht verirren
und doch bin ich nicht daheim.

Ich werfe meine Träume
in die Nacht
und begrabe sie unter die Decke.
Ich will nicht ratlos neben mir stehn
und doch ist es geschehn.

Heile Welt

Heile Welt, wo ist dein Schatten,
hast vom Tageslicht so viel.
Lass mich hinterm Vorhang schaun,
und ich erkenn dein falsches Spiel.

Möchtes leuchten wie die Sonne,
unantastbar, edel sein.
Doch manchmal rieselt es gewaltig
und verdeckt den Heiligenschein.

Halt mich fest....

Halt mich fest in dieser Welt,
wo der Wind so bitter bläst.
Halt mich fest,
wo ich fühle wie ein Kind,
dass der Balken unter mir
schwankend mich verlässt.

Halt mich fest.

Halt mich fest auf meinem Weg,
wenn die Sturmflut mich ergreift.
Halt mich fest,
wo die drückend, schwere Last
unaufhaltsam mich erfasst

Halt mich fest.

Sie sahen sich kaum....

Sie sahen sich kaum,
doch ihre Gedanken
trafen sich oftmals im Traum.

Sie fühlten, dass sie miteinander gingen,
sie kannten ihr Denken,
sie kannten ihr Tun.
Diese überschwängliche Macht,
die sie zuweilen überrollte,
lies sie nicht ruh´n.

Sie kamen dagegen nicht an,
zuerst wehrten sie sich sehr,
doch später nicht mehr.
Diese Sehnsucht war stärker,
sie wuchs von Tag zu Tag,
bis die Wirklichkeit in Tagträume versank,
und sie wiederum in Träumen verband.

Willst Du mit mir gehen....

Ich möcht mit Dir ins Tal der Blumen gehen,
die Unendlichkeit mit Dir besehn.
Den größten Gipfel mit Dir erklimmen,
die schönsten Lieder dort oben singen.
Wandern ins weite Land,
gehen mit Dir Hand in Hand.
Kannst Du das alles verstehen,
willst Du mit mir gehen.

Verloren

Wenn Hoffnung keine Hoffnung
mehr ist
und das Leben Dich nicht mehr
berührt.
Wenn der Glaube an Glück
verflogen
und in dir die Sinnlosigkeit
schürt.

Wenn die Kälte Dir den Atem
nimmt
und die Geborgenheit nur
ausgeliehen.
Wenn schöne Worte nur Phrasen
sind,
um aus der Ausweglosigkeit
zu fliehen.

Wenn Liebe keine Liebe
mehr ist,
Träume keine Träume mehr
sind.
Und die Wirklichkeit kehrt zurück,
dann weißt Du,
Du hattest ein Stück vom
Glück.

Wasser des Lebens

Der Brunnen ist leer,
er sprudelt nicht mehr,
versiegt, versandet,
ausgebrannt, verdörrt.
Drumherum nur Ödland,
senkende Sonne.

Glieder, die sich recken,
wie blattloses Geäst.
Mutlose Gedanken,
verstricken sich
und wanken,
uferlos erscheinend,
beweinend.

Demütiger Blick,
himmelwärts gestellt,
verharrende, mutlose Stille.
Fülle den Krug,
der so oft dir gedient,
zeige den Vogel,
der das Ziel mir nennt,
führe zurück
den Diamanten,
den ich einst besaß.

Wie dumm und eigennützig
ich war,
dass ich gar,
den Vogel,
den Krug, den Brunnen
und den Diamanten vergaß.

Lass uns Epilypsen blasen,

mit ihnen fliegen,
mit ihnen gehen.
Buntes Licht,
schimmernde Farben,
treiben lassen,
fallen lassen.
Steigen empor,
schweben herab.
Möchte sie streicheln,
einfangen, schützen,
halten in meiner Hand.
Und weiß doch genau,
stups ich sie an,
verpufft, zerfällt dieses
Utopienland.
Den ersten Wind
wird mein Traum gehören.
Doch geh ich so gern spazieren in ihr
und träum diesen Seifenblasentraum mit Dir.

Das meine Kerze ewig brenne....

Wirft dir entgegen,
krankhaft und stetig,
zeigt dir diese neue Kerbe,
unabweichend entstehend,
Falte um Falte.
Du bist nicht mehr der Alte.

Geschmeidigkeit und Eleganz,
Erinnerung an Gestern.
Knechten und brechen,
beugend hernieder,
ratloses Fragen,
demütiges Ertrag.

Die Jahre genießen,
durch Optik der Jugend,
mit Fitness und Eleganz,
geistige Frische,
sinnvolles Leben,
dies wäre das Streben.

Im Zeichen der Jugend
zu leben,
genießen und kosten,
ohne Hindernis ohne Plag.
Im Zeichen der Jugend zu gehen,
dies zu hoffen, verwegen.

Wünsche, Hoffnungen, Ideale,
ewig geträumter Menschheitstraum.
Festgehalten, nie aufgegeben,
ummantelnde Illusionen,
der ewigen Jugend
Ikonen.

Liebe – Verloren

Wo ist sie nur geblieben,
die einstige, große Liebe.
Ging sie fort mit den Jahren,
wollten wir sie nicht im
Herzen bewahren.

Der Enthusiasmus der ersten Zeit,
ist er in die Ferne gerückt, so weit.
War es nur eine Täuschung der Sinne,
alles ändere sich, alles zerrinne.
Ein Trugschluss der Gefühle,
andere Dinge sind jetzt wichtig,
glaubst Du auch, so ist es richtig.

Manchmal fühl ich mich,
wie ein Vogel im Wind.
Wie ein kleines, unmündiges Kind.
Möchte alles verlassen, möchte fliehen,
möchte mich auch mal beweisen,
möchte siegen.

Helfe mir dabei, enttäusche mich nicht,
weißt Du es nicht, ich hoffe auf Dich.
Lass uns wieder von vorne beginnen,
keine Stunde untätig zerrinnen.
Einander achten und wichtig nehmen,
Licht und Freude einander geben.
Den Moment, den Augenblick genießen,
dann werden uns goldene Blumen sprießen.

Ich liebe ....

Gespräche, die tief gehen,
die Horizont haben,
die anregen,
die mitreißen,
die berühren,
die mitteilen,
die befreien,
die kritisieren,
die überlegen,
die in Frage stellen,
die unkonventionell,
die provozieren,
die zum Überlegen anregen.

Dies mit einem Menschen zu teilen,
ist wie fliegend verreisen,
Gedankenwogen verfolgen,
sich entzwein und wieder treffen,
über Gelästertes amüsieren,
auf den gleichen, sinnbildlichen Weg marschieren,
den Nachhall auskosten,
ein Echo empfangen.

Gute Gespräche sind ein Streicheln der Seele.

Kein Medium ist der Konversation gleichgestellt,
drum lieb ich die Menschen, drum lieb ich die
Welt.

Ecken, die ecken....

Ecken, die ecken,
zum Widerspruch wecken.
Unangenehm, fordernd,
öfter mal sotternd,
scharfkantig und spitz,
doch mit Humor und Witz.
Ecken, die stören,
man hätt sie gern glatt,
möchte sie überhören,
doch dann, oh wie fad.

dagegen

Aalglatt, die Glatten,
nichtssagendes zu sagen hatten.
Wie das Fähnchen auf dem Turm,
dreht sich bei jedem Sturm.
Nicht auffallen, nur warten,
so sind die Glatten.
Stehn einmal rechts, einmal links,
man mir stinkts.

Einsamkeit

Dunkel ist es an dem Ort,
kein Licht, kein Funken
hier und dort.
Kein Sonnenstrahl,
kein Hoffnungsschimmer,
kein Strohhalm der zum Greifen nah,
kein Rettungsring, der Dir geworfen.
Kein labender Trunk, der Dir geboten,
kein gutes Wort, nach dem`s Dich sehnt.

Ach könnte doch ein hörend Ohr
vernehmen dieses stumme Jammern.

Vielleicht bist Du`s,
so sei kein Dor.
Lass Dich umfassen, Dich umklammern.
Sei Du der Strohhalm, Rettungsring,
der labend Trunk, das gute Wort,
der Sonnenstrahl, der Hoffnungsschimmer.
Dann durchbricht`s die Dunkelheit,
dann wird Licht in diesem Zimmer
und vertreibt die Einsamkeit.

Untätigkeit ist ein Tadel,
Müßiggang kein Adel.
Ein blindes Auge kann dies nicht sehen,
ein kaltes Herz kann das nicht fühlen.
Ein stummer Mund findet keine Worte.

Wer unantastbar, edel sei,
der werfe den ersten Stein.
Dürstende Seelen,
gieren nach Leben.

Wogende Wellen,
im Gleichklang der Sinne.
Tastende Hände,
streichelnde Worte.

Brennende Gedanken,
lechzendes Verlangen.
Seele, die zum Aufbäumen bereit.
Der Zenit deines Ichs
in Frage gestellt.

Zerschmelzend, vermischend,
in Unendlichkeiten verlierend.

Die Fülle des Nichts

Es ist verdeckt,
es ist zu hoch.
Nicht kalkulierbar,
nicht identisch,
nicht regulierbar.
Und doch,
die Neugierde
birgt das Fehlen.
Es wirkt durch seine Leeeeeeere.
Fantasieströme quälen
sich durch Labyrinthfährten.
Seine Nichtigkeit ist der Reiz,
geführter Geiz,
erlangtes Interesse.
Vorhandensein des Nichts.
Dieses Nichtsein,
allein,
ist fülliger,
als das Sein.

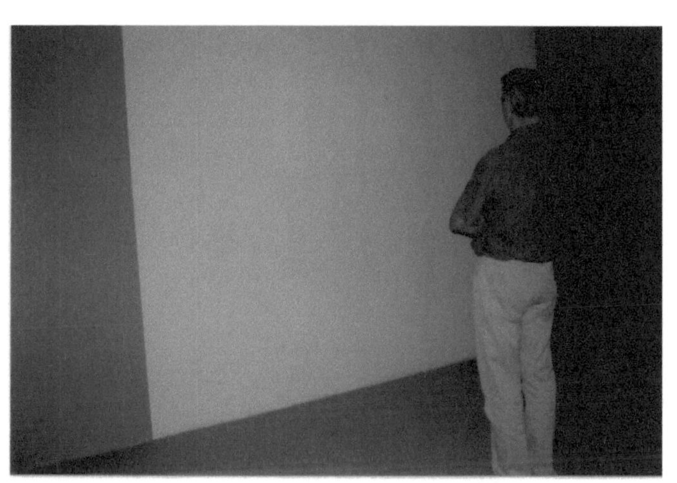

Warum trägt Desi heute rot....

Warum trägt Desi heute rot....
Unbewusst wählt sie dieses Kleid,
ihr Inneres sagt, ich bin bereit.
Ich will leuchten dominieren,
mich zeigen und nicht zieren.

Morgen aber wählt sie weiß,
denn sie weiß, was dieses heißt.
Unschuldsvoll und unberührt,
fast wie ein Kind,
will sie verführ`n.

Ist ihr danach dann nach blau,
weiß man, wechselhaft ist diese Frau.
Und man wird daraus nicht schlau,
einen Schritt vor, zwei zurück,
doch so mancher ist entzückt.

Gelb, das ist von Fall zu Fall,
ab und zu doch auch ihr Fall.
Wie ein Pfauenauge schön,
sieht man sie dann
graziös flanieren gehen.

Ist ihr Seelenleben durcheinander,
geht sie wie ein bunter Falter.
Zusammengemixte Farbenpracht,
Hut, Kleid und Strumpfbandhalter,
verdecken leider nicht ihr Alter.

Ja, so ist die Desi schon,
wechselhaft wie ein Cameläon.
Doch man liebt ihren Seelengeist,
sprunghaft, witzig, nicht vergreist.
Immer für Überraschungen gut,
wir lieben Dich und deinen Mut.

**Jeder weiß, was das bedeut,
Desi, die trägt „Rot" für heut.**

Mein Herz ist ein kleiner Zigeuner

Mein Herz ist ein kleiner Zigeuner,
ein Pommer, ein Feger, ein Streuner.
Hält sich nicht lang an einem Ort,
will weiter, immer fort.
Und stolpert es manchmal,
dass macht ihm nichts aus,
nur in der Ferne ist sein Zuhaus.

Und will man es sperr`n ins Zimmer ein,
dann ist es traurig, geht es ein.
Denn nur die große, weite Welt,
dass ist es, was ihm gefällt.

Ein Rest Alupapier

Ich liege im Bett,
neben mir kokett,
ein Riegel Schokolade
auf zerknüllten Alupapier.

Der Ring daneben,
war es gestern
oder eben.

Das Glücksgefühl
ist in Rache gestiegen.

Ich hör noch
dein Singen
und flüstern im Ohr.
Abgerissene Stille
dringt aus Ecken hervor.

Der Duft von
Orientierungslosigkeit
macht sich breit.

Geblieben ist nur Leere,
Leere im Zimmer
und Leere in mir
und ein Rest Alupapier.

Idealismus

Du
wild auf Leben

Ich
wild auf Dich

Wir
ein rundum
wildes Lebe

- - - - - - - - - -

Du
ruhig und still

Ich
kann`s nicht glauben
und will

Wir
resigniert

Das Leben hat es geschafft, allein,
das Leben kann zufrieden sein.

Am Rande....

Auf dem Weg zu Dir
wächst Unkraut.
Am Gartenzaun entlang,
wulstig und dicht.
Steinig und stolperig ist der Weg,
steil bergauf,
dann wieder hügelig.

Mich dürstet, mich dürstet so sehr.

Vorbei an Abgründen,
Felsspalten,
eisigen Plattformen.

Verlier ich den Halt, verlier ich den Halt?

Das Mondlicht leuchtet spärlich,
Kälte macht sich breit.
Angst und Fragen schnüren mir die Luft.
Verlier ich die Orientierung,
hab ich die Kraft,
bis ans Ende des Weges?

Am Rande wächst Unkraut,
gestreift im Vorbeigehn.
Lass mich nicht als Unkraut
in deinem Leben stehn.

Momentaufnahmen

Die Tasse noch in meiner Hand,
der Blick schweift durch´s Fenster.
Bleibt hängen an gegenüberliegender Wand,
streift Feuerdorn und Ginster.

Gedanken drehen sich im Kreis,
lösen sich auf und kommen wieder.
Einer schleicht sich ein, ganz leis
und richt nach verblühten Flieder.

Nach Nadelduft
und Sommerluft,
nach Unbeschwertheit,
Leichtigkeit.

Auch Hoffnung ist dabei,
ein kleines Fünkchen nur.
Doch der Dorn der Rose
sticht zu, vehement und stur.

Es wird nicht mehr
wie damals sein,
die Zeit, sie ist verglüht.
Die Tasse noch in meiner Hand,
wärmt wärmend mein Gemüt.

Alle Sprachen dieser Welt

Alle Sprachen dieser Welt,
möchte ich so gerne **sprechen**.
Alle Sprachen dieser Welt,
um mit dir mich zu messen
und im Geiste mich zu drehn.

Alle Sprachen möcht ich hören,
möchte ich so gern **verstehn**.
Dein Bedürfnis zu erfühlen,
gedanklich mit Dir zu gehn.

Alle Sprachen dieser Welt,
möchte ich so gern **empfangen**.
Zuzunicken, zuzuhören,
mein subtiles Verlangen.

Alle Sprachen dieser Welt,
möchte ich so gern **erfragen**.
Nicht verlöschen, nicht vergehen,
dieses Leid mit Dir zu tragen.

Alle Sprachen dieser Welt,
möchte ich so gerne **binden**.
Eine Einheit zu erfassen,
um Verständigung zu finden.

Du fehlst mir

Ich bette meinen Kopf
in deine Worte
und fliege auf Daunen dahin.
Selbst Steine glitzern
wie Diamanten
und in jedem erkenne ich Sinn.

Du fehlst mir

Dein stummes Bejahen,
ist Gleichklang
und Symphonie.
Tausend Tropfen der Meere
tragen mich zu dir hin
und in deiner Hand
liegt Harmonie.

Du fehlst mir.

Es wird nie vorbei sein....

Ich hab das geschrieben,
für mich ganz allein,
für uns ganz allein.
Ich hab das gesungen,
ganz zaghaft und leis.

Es wird nie vorbei sein.

Am Tag ist es gut,
am Tag ist's vorbei.
Doch wenn die Nacht kommt,
ist alles ganz anders.

Es wird nie vorbei sein.

Es war so heilig,
so wunderbar,
so traumhaft,
soviel Licht.

Es wird nie vorbei sein.

Ich wollte nur sprechen,
nur erzählen,
nur schreiben,
nur schlafen.

Es wird nie vorbei sein.

Was soll ich tun,
wo soll ich hingeh'n,
wo soll ich ruhn.

Bewusst bewusstlos,
es macht keine Pause
und der Weg zu Dir
führt mich nicht nach Hause.

Es wird nie vorbei sein.

Ich war dabei....

Ich war dabei....
Als spitze Nägel mich trafen,
Dein fragender Blick ins Unendliche ging.

Ich war dabei....
Als Chemie in Dir handelte
und Dein Anglitz in Kahlköpfigkeit wandelte.

Ich war dabei....
Als Dein Körper in die Tiefe gezogen
und mit leerer Fülle aufgewogen.

Ich war dabei....
Als Dein Sieg schon verloren
und trotzdem gekämpft, Dein Mut nicht gefroren.

Ich war dabei....
Als aufkeimende Hoffnung ging und kam,
sich wie ein tosendes Meer benahm.

Ich war dabei....
Als Dein Blick sich vernebelte
und fragende Worte Deinen Mund knebelte.

Ich war dabei....
Als Du gingst ganz leis
und Du sagtest immer, das Ende ist ein Kreis.

Ich war dabei....
Als ich fiel in den Dreck,
Du hobst mich auf,
pustest ihn weg.

Ich war dabei....
Als Du lachend sagtest,
das ist nicht schlimm,
ist gleich vorbei.
....ich war dabei....

Mein Ich

Mein **Ich** läuft Lichtgeschwindigkeiten,
rinnt durch die Hand.
Schwarz geschwängert,
fetzenkrank lechzend.
Sitzt neben den Gleisen,
Echolaute rufend,
verlorener Ring.

Mein **Ich** liegt auf der Waldlichtung,
Honigblätter kostend,
Wolkendaunen bedeckend,
hinter Morgenröte blickend.
Wiegt sich auf Ästen,
tanzt übermütig wie ein Kind,
hüpft zwischen den Seiten.

Mein   I C H   ist bei mir
und ist mir doch oftmals so fern.

Astrologische Zukunftsprognosen

Astrologische Zukunftsprognosen
beflügeln mich ins Traumland.

Ich fand

mich in den Sorgen fremder Leute,
sie ermüden mich.

Ich fühle mich

gut aufgehoben,
denn Gleichheit schafft Sympathie.

Ich verstehe nie,

in dem Teig, in dem jeder versucht
die Fäden zu zerschneiden,

sind Lösungen irreparabel.

Warum strampeln,
das Schicksal hat gesprochen.

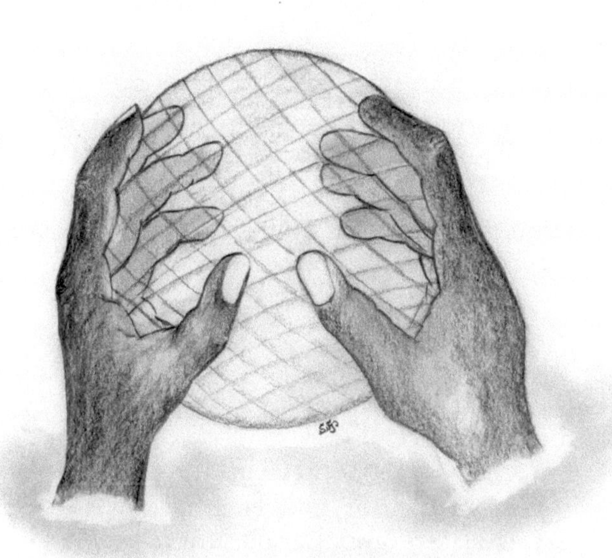

Warten -Lethargie

Der gähnenden Leere
lautlose Stunde,
ruht in der dunklen Nacht.
Niedergeschlagen
liegt deine Seele offen,
wird mit dem pochenden Herzschlag
an Wände gedrückt.
Atemlose Sprachlosigkeit
formiert sich zu einem spitzen Pfeil,
schleudert zurück,
dringt als Kälte in dein Herz.

Schmerz, verdammter Schmerz.

    Warten

Die Saugglocke der Lethargie
nimmt dir die Luft.
Der Riegel des Gitters ist dicht.
Für einen Löwen, der nach Freiheit vergeht,
ist kein Platz für freie Gedanken.
Du sitzt im Kreis,
der schneller sich dreht
und in dieser Nacht ist

Schatten, immer nur Schatten.

    Warten

In Zug der Zeit

Gleise führen ins
Niemandsland.
An Häusern,
da das Licht noch brand.
In Tunneln,
die so endlos erscheinen.
Brennendes Land,
Luftschlösser in der Hand,
Balanceakt auf schmalen Pfad.
Vorbei an Opfertürmen,
Obstplantagen und Stürmen.

Abenddämmerung, Morgenduft,
blitzende Luft.
Sinkende Feder zum Greifen nah,
wieder fern und doch ganz klar.
Gebende Hände
verschwinden im Wind.
Der Zug ist schnell,
unablässig, geschwind.
Rund ist der Kreis,
er endete nie.
Doch im Rucksack ist viel,
noch so viel fürs Ziel!

Gedankenfetzen umschweben mich,

im Vorrübergehen.

Ein Hauch

Zukunft.

Gleiten dahin,

entfliehen wieder,

verworfener Sinn.

Höre....

Höre mit deinen Ohren,
schaue mit deinen Augen,
wälze es in deinem Herzen.

Deine eigenen Gedanken
sind dein I c h
und du bist dir treu.
Alles andere ist ausgeliehen,
übernommen,
und kopiert.

Wieder hervorgeholt

Zuerst war die Sprache,
und dann der Gedanke,
ich wanke.
Oder doch der Gedanke,
und dann die Sprache.

Hatte die Entstehung
eine Symbiose gestellt,
die Evolution
eine Perfektion gefällt.

Unsinniges Gerede,
endlose Debatten,
nichtig, unwichtig geführt
hatten der Sprache gebührt

Das soziale Gefüge,
verlangte nach mehr,
Gedankengut in Hemisphär.
Zuerst war er klein,
zum Überleben gedacht.
Er wurde mächtiger,
der Gedanke war Macht.

Ideen, Vielfalt, Inspiration,
wählten sich die Sprache
zur Artikulation.
Drängten nach draußen ,
nach Diskussion,
heißgeliebte Konversation
du warst geborn.

Was wäre, wenn....

Was wäre, wenn wir keine Schattenseiten hätten,
wir wüssten nicht, was uns das Licht bedeut.
Was wäre, wenn wir keinen Kummer nie hätten,
wir wüssten nicht, was ist wahre Freud.

Was wäre, wenn es keine Nacht nicht gäbe,
wenn es Tag für Tag nur wäre Tag.
Was wäre, wenn wir Antworten hätten
und darauf keine Frag.

Was wäre, wenn wir keine Gedanken hätten,
wir wüssten nicht was ist Illusion.
Was wäre, wenn wir immer einer Meinung,
wir wüssten nicht, wie schön Diskussion.

Was wäre, wenn es keinen Herbst nicht gäbe,
wir wüssten nicht, wie schön der Frühling blüht.
Was wäre, wenn kein Feuer brannte,
wir wüssten nicht, wie Wärme glüht.

Was wäre, wenn wir keine Freunde hätten,
unser Leben wäre leer.
Was wäre, wenn....., was denn,
ja bitte sehr.

Leibhaftiger

Vom Himmel gestoßen,
ins Flammenmeer.
Wer erkor seine Existenz,
wer publizierte den Höllengeist?
Wer sagt, die Hölle sei präsent ?
Erschreckend seine Gestalt,
dass ihn Unheil nur gelingt,
dass er gefürchtete von jedem Kind
und mächtig jeder Gewalt.
Wer hat ihn jemals gesichtet,
eine personifizierte Fiktion.
Kann das Böse nur ihn angedichtet,
oder ist es Ausdruck einer Illusion.

Diese Fassade, hübsch und nett,
dahinter diese Fratze steckt.
Die nur wartet freigelassen,
durch Freundlichkeit zugedeckt,
um zu zerstören und zu fassen.
Doch wehe, wenn sie aufgeweckt,
ist dann zur Stelle in der Nacht,
wenn ein Mädchen umgebracht.
Wenn als Retter für ein Land,
zieht er durch sein Unglücksband.
Wenn nur Machtgebaren und Gier,
für ihn ist eine Ehrenzier.
Wenn Nächstenliebe hinkt,
weil Eigennützigkeit stinkt.
Wenn herkömmliche Normen und Welten
nicht mehr gelten.
Wenn Ungerechtigkeit blinzelt aus jedem Loch,
ist es dann der L E I B H A F T I G E doch?

Der nicht im Untergrund, nicht in der Hölle,
kassiert seine Zölle.
Wer hat uns seinen Namen gegeben?
Sagenumwogend, mystisch und kalt.
Märchengeber, Erziehungsdruck,
Angst vor dem Tod oder Angst vor dem Leben?
L E I B H A F T I G E R,   du bist leibhaftig doch.

Eselsritt

Ich saß mal auf`nem Esel,
und dacht das wäre mein Glück,
doch dieser Esel machte keinen Schritt,
weder vorwärts noch zurück.

Ich gab ihm die Sporen,
ich redete gut zu,
ich versuchte es mit Drohen,
doch er bewahrte Ruh.

Plötzlich begann sich was zu regen,
der Esel tat sich bewegen,
doch das ist gar kein Scherz,
denn er, er wollte rückwärts.

Ja, dachte ich bei mir,
was bist du für ein dummes Tier,
machst den Buckel krumm,
da setz ich mich halt anders rum.

So ritten wir im Kreise,
jeder auf seine Weise,
durchsetzen taten wir uns zwei,
das war vielleicht eine Eselei.

NORGIA

Kennst du ein Land, das Norgia heißt,
das du vielleicht schon einmal bereist.
Ob Süden, Osten oder Westen,
vehement und forsch mit Worten, Gesten,
der deutschen Sprache doch nicht mächtig.

Im fremden Land als Professor tätig,
dort brilliert und mächtig.
Doch vor gestellter Frage unsächtig,
nach Norgia muss gesandt,
gewunden, gedreht und gewand.

Doch endlich ist die Örtlichkeit entschlüsselt,
stellt sich eine Frage pikär,
Pa k e t oder P ä c k c h e n, bitte sehr.
Unglaublich staunende Tiefe,
des Deliktes ahnende Miefe.

Gedanklich übertragene Feindseligkeit,
die Geschichte einer Unendlichkeit?
Zusammensuchende Substantive fordern
eine Alternative.

Und das gegenüberstehende Autonom,
wiederholt beharrlich und synchron,
immer wieder die gleiche Konstellation.

Nasale Geräusche und Unmutsfalten,
lassen ahnende Konversation nicht halten.
Und der Exitus der Lage wird verlangt,
P ä c k c h e n bitte nach NORGIA gesandt.

Namens-Diktatur

Ach M a m a und P a p a
ich kann es nicht fassen,
ihr habt mich Anna heißen lassen.
Als Mauerblümchen sitzt ich da,
denn keiner will eine A n n a.

Ich hatte mir`s schon oft gedacht,
der Name ist`s, der einem macht.
Drum kann ich's heute noch nicht fassen,
ihr habt mich A n n a heißen lassen.

Deine Aggressivität
ist mein Erfolg.
Dadurch weiß ich,
dass du mich
achtest.

Des Nachts,
bin ich ganz sacht,
aus einem Traum erwacht,
die Dämmerung zog herauf,
der Morgen graute
und mir auch.

Die Zeit

Wo ist die Zeit geblieben,
ich hatte sie nicht aufgeschrieben.
Hat man sie mir gestohlen,
dann werde ich sie mir holen.

Oder war die Zeit niemals mein,
dann kann sie mir auch nicht gestohlen sein.
Doch hatte ich sie und merkte es nie.
Jetzt, da sie mir abhanden ging,
bemerkte ich erst der Zeiten Sinn.

Zu suchen, mach ich mich auf den Weg.
Hab ich sie dann gefunden,
beend ich meine Runden.
Teil fein säuberlich mir ein die Zeit.

Weiß Hektik und Stress von mir,
ganz weit.
Halt sie fest in meiner Hand.
Dass sie mir nicht mehr kommt abhand.

Hymne auf P.S.N.

Fast animalisch deine Rundungen,
voll Entzücken schwelg ich dahin.
Stück für Stück,
ursprüngliches Glück,
wolliges Schaudern.
Geborgenheit ist dein Name,
Schönheit dein Glanz.

Strahlender Liebreiz,
wärmende Harmonie,
verbindende Heimat,
zusammengeschweißt.
Wie Pech und Schwefel,
wie Himmel und Erde,
wie Wasser und Brot.
Uns entzweit keine Intrige,
keine Disharmonie,
keine Lüge.

Wir halten zusammen
von Nürnberg
bis Berlin.
Eine Trennung, nein,
eine Trennung wäre wirklich zuviel.
Du bist die Öffnung in die Fremde,
in unbekannte Welt.
Die Jahre haben wir durchgestanden,
zusammengeschworen,
uns nicht verloren.

Eine Einheit, durch dick und dünn.
Sollte es anders mal sein,
ergreift mich die Wehmut.
In meinem Portmonee
ist ein Platz reserviert,
nur für die ganz allein.
Da bist du mir nah,
uns kann nichts entzwein.

Man sagt zu mir,
du bist vielleicht so eine Nummer.
Das stecke ich weg,
bringt mir keinen Kummer.
Ach wie lieb ich,
deine Zahlenkombination,
diese mathematische Formel,
diese Nummernfolge.

Kein Unkenruf kann uns entzwein,
wir sind ein Team,
wir halten zusammen
und zusammen erreichen
wir unser Ziel.
Verbundenheit bringt die
Kolumne hervor.
Personalnummerhymne,
du sollst klingen im Chor.

TABLETTEN - TRIP

Nach einer Feier,
immer die selbe Leier.
Dir drückt der Magen,
hier würde ich zu einem Verdauungspräparat raten.
Und ist der Kopf am Morgen schwer,
dann muss ein Aspirin schon her.
Hast Du mal Ärger, der Blutdruck steigt,
in der linken Hosentasche liegt ein Hypertonika bereit.
Es plagen dich deine Schandtaten, du bist nervös,
ein Sedativum dies alles löst.
Sollten dir gar fallen die Haare aus,
ein Vitaminpräparat macht dem gar aus.
Auch der Kinderwunsch ist geregelt,
dank Pille hat es seinen Richtigkeitspegel.
Entspricht deine Figur nicht mehr der Norm,
ein Appetitzügler bringt sie in Form.
Kannst du nicht schlafen, wie gewohnt,
so nimm ein Schlafmittel, dieses sich lohnt.
Ist dein Darm etwas schlapp, so wie du,
schluck ein Abführmittel, dann gibt er keine Ruh.

Hast du eine Krankheit, die noch keiner entdeckt,
Pharmazia sie trotzdem schreckt.
Dragees, Pillen, Tabletten, ob groß, ob klein,
rund oder oval, egal.
Du Wunderwerk unserer Zeit,
für alles hast du etwas bereit.
Sie sind deine Wegbereiter und - begleiter,
ohne sie wüsstest du nicht mehr w e i t e r ? ? ? ? ?

Das Knirschen

Das Knirschen ist ein Laut,
manchmal leis, mit Verlaub mal laut.
Der Hund mit sein Gekeife,
seine Feinde damit vertreibe.
Man braucht hier nicht lang zu fragen,
es zeigt sich also Unbehagen.
Es liegt in der Sache der Natur,
dass es beim Tier vorkommt,
doch nicht nur.
Denn davon mache Gebrauch,
des Nachts der Mensch denn manchmal auch.
Es heißt also hier zu analysieren,
den Schweregrad zu formulieren.
Erstens: Die einfache Knirscherei,
Zusammenstoß der Reibezonen,
über dies zu reden es sich nicht lohne.
Doch Schwierigkeitsgrad Nummero Zwei,
ist die nicht normale Knirscherei,
die längere Phase der sogenannten Reiberei.
Doch ganz fatal, fenominal,
das ist der Schwierigkeitsgrad Nummero Drei,
die Knirscherei geht nicht vorbei.
Wo sich Oberkiefer über Unterkiefer schiebt
und es diesen Laut ergibt.
Glatte Stellen im Gebiss,
Kieferarthrose mit Verschliss.
Wirtschaftlich unrentabel,
das System hat einen Makel.

Wobei die Ursache noch im Dunkeln liegt,
der Knirscher sich aber derweil im Knirschen übt.

Nur 5 Minuten

In 5 Minuten, hab ich gefragt,
ja in 5 Minuten, hast Du gesagt.
In 5 Minuten trink ich mein Bier,
in 5 Minuten fahr ich zu Dir.
5 Minuten haben wir telefoniert,
danach ist es dann passiert.

5 Minuten zu spät auf die Bremse,
für einen kam der Mann mit der Sense.
5 Minuten Unachtsamkeit,
Schicksal? Großes Leid!
Betroffen standen Leute herum,
5 Minuten zu spät,
mein Gott, ich war stumm.

5 Minuten wären es gewesen,
dann wärst Du bei mir gesessen.
Doch statt dessen,
liegst Du auf der Intensivstation,
gerade noch mal kamst Du davon.
5 Minuten, hat der Arzt gesagt,
5 Minuten nur, hab ich gefragt.
5 Minuten dürfen sie rein,
mehr sollten es noch nicht sein.

Vor 5 Minuten noch warst Du verwegen,
jetzt kannst Du Dich kaum bewegen.
Wie ein Häuflein Elend liegst Du da,
ich kann es nicht glauben, ist es wahr.

5 Minuten hab ich früher gedacht,
das ist doch keine Zeit, und hab gelacht.
Doch wie lang können 5 Minuten sein,
5 Minuten und Du wirst ganz klein.
5 Minuten der Ewigkeit,
das ist eine sehr, sehr lange Zeit.

Fritz

Ich liebe diese Stimme,
sie schmeichelt an mein Ohr,
sie sagt, ich brauche dich
und das gleich drei mal im Chor.

Sie reißt mich aus meinen Träumen,
vehement und bestimmt,
ich liebe dieses Fordern,
ich liebe dieses Kind.

Sie bestimmt mein Gestern,
mein Heute, mein Morgen.
Ich wäre ein Wanderer ohne Ziel,
ein unmündiges Kind,
ich verdanke ihr so viel

Ich lass mich so gerne von Ihr
delegieren, regieren,
von Ihr umsorgen.
Drum lieb ich diese Stimme,

heute und auch morgen.

Freiheit die ich meine

Freiheit, die ich meine,
ist es die Freiheit, die ich hab.
Freiheit ist es keine
und das Tag für Tag.

Frei sein in Gedanken,
frei sein ohne Schranken.
Tun und lassen was ich mag,
ist das Freiheit, sag.

Kein Zeitplan,
kein Gesellschaftsclan,
Kein Muss und auch kein Druck
und niemals Hau-Ruck.

Ungezwungen und ohne Zwang,
so will ich gehen,
den Lebensweg entlang,
denn ich lass mich nicht zähmen.

Ich lass mir nicht nehmen,
was heiß ich erkämpft.
Ich lebe mein Leben,
wie ich es will,
nach meinem Lebensstiel.

Ich lass mich nicht deformieren,
nicht analysieren,
nicht chloroformieren,
und auch nicht kastrieren,
von dieser Gesellschaftsform.
Ich will eben nicht gehören zur Norm.

Kinderaugen

Zwei ängstliche Augen schauen mich an,
mein Kind, wer dich wohl erschreckt haben kann.
Wie ein klarer See,
ich schau auf den Grund,
wer tat dir weh,
stumm ist dein Mund.

Es offenbart sich mir die Seele,
du trägst sie im Gesicht,
sie schaut mich an,
sie sah noch kein Licht.

Du suchtest Wärme, Geborgenheit,
du zauderst noch, Vertrautheit ist weit.
Du warst zu jung,
man reichte dich herum,
dieses, mein Kind, das war sehr dumm.

Man setzte dich in eine Welt,
in der für dich die Wärme fehlt,
wie solltest du auch begreifen,
was mit dir ist geschehn.

Zwei kleine, ängstliche Augen,
die können das nicht verstehn.

Abendgewitter an der See

Das gleißende Sonnenlicht
wellt sich wie ein trunkenes Boot
auf den Wellen auf und ab.
Vereinzeln glitzern Sonnenstrahlen
wie, ungreifbare Diamanten
auf den Wassertrabanten.

Am Horizont sieht man,
fast unscheinbar,
im Dunste des scheidenden Tages,
ein Schiff vorüberziehen.
Plötzlich grelles, unheilvolles,
durchdringendes Möwengeschrei.
Eine Wolkenwand schiebt sich vorbei,
wie eine Kulisse vor das nur noch leicht
flackernde Dämmerlicht.
Es bricht, verdunkelt sich,
nimmt die Sicht.
Für das Ohr unvorbereitete,
fast schmerzende Stille.
Der eigene Atem wird zur Geräuschutopie,
unerwartet zerreißt ein Donnerschlag diese kurze
Ruhe,
rollt in der Ferne aus.
Verläuft sich in anderen Atmosphären,
der Luftleeren.
Um mit erneuter, dimensionaler Kraft zu stöhnen,
gewaltig zu dröhnen.

Der Wind bläst mit ungeheuerer Wucht,
um das noch ruhig daliegende Meer zu fassen
und es im selben Moment zu meterhohen Wellen aufzu-
bauschen,
die an der steilen Küste gebrochen
und die Gischt, als wäre sie mit Kohlensäure angereichert
ersprudeln lassen.
Da fallen die ersten Regentropfen,
es öffnet sich die Hand,
erst zögernd,
dann mit voller Kraft.
Die spannungsgeladene Atmosphäre
ergießt sich mit Macht,
erlösend und unabweichlich
über das nach ihr gierende, verlangende, aufsogende
Land

Unkontrolliert

Diese suizide Materie
kranken Gehirns,
lies Reaktionen folgen,
die niemand versteht.
Trampelnde, klatschende Artikulationen,
lallende Mimik,
die kommt und vergeht.

Unterhaltung mit einem Pseudonym,
nieselregensingende Hymnen.
Nicht wahrnehmendes
Drumherum-Geschehen.
Breites Grinsen
und staunen zu gleich.
Bewegungseinschränkende Selbstzerstörung,
festgehalten und eingeklemmt,
lallend und schreiend umgebend.

Herausziehend aus dem haltenden Spalt.
Versuch einer Selbstzerstümmelung,
mit vorhandener, restlicher Gewalt.
Stopp durch Notbremsensignal,
nicht begreifend der tödlichen Lage.
Befreiung aus dem eisernen Griff,
salutierendes Corpus delictum.
Ignorieren des schützenden Refugium.

Das zweite Leben

Manchmal kommt es mir in den Sinn,
dann überlege ich, wer ich bin.
Hat`s ein Leben,
vor dem jetzigen Leben,
für mich schon einmal gegeben.

Das wäre doch skurril,
einfach famos.
Vielleicht wurde ich bei den Eskimos geboren,
oder hatte in Kanada Schafe geschoren.

War vielleicht ein Araberscheich,
hatte viel Geld und ein großes Reich.
War beim Bau der Pyramiden dabei,
war gefangen und nicht mehr frei.

War verfolgt im Mittelalter,
jagte Mammuts im Steinzeitalter.
Oder ich war ein andere Wesen,
ein Tier vielleicht schon einmal gewesen.

Eine Möwe auf Helgoland,
ein Schmetterling, den man versteinert fand.
Ein kleiner Vogel in deiner Hand,
ein winziger Käfer, der im Sand verschwand.

Ein mächtiger Adler am hohen Horst,
ein scheues Reh im dunklem Forst.
Eine Kobra im Urwald von Afrika,
eine Antilope, die man nur flüchtig sah.

Oder nur ein kleiner Winzling, ein Baustein,
vom Kosmos ein Erdenteil.
Ein Bestandteil der Atmosphäre,
das mit dem Auge unsichtbar wäre.

Ja, ja die Gedanken sind frei
und wenn es das gibt, ich bin dabei.
Ich komme als mein eigener Urenkel wieder
„in zweihundert Jahren zu euch hernieder."

Steil abwärtsfallende Böschung

Steil abwärtsfallende Böschung,
starkes Gestrüpp verdeckend,
zwischen Brennesel und Geäst
Wohlstandsblumen entdeckend.

Ehemals gehegt, gepflegt,
jetzt abgeworfen und entsorgt.
Zwischen Dotterblumen und Bärenklaue,
zeigen ihre Pracht,
PC`s, Gummireifen, Autobatterie,
Asbest und Alkalie.
Rostende Strukturen,
lassen Substanzen scheiden
und ins Erdreich gleiten.

Diese Füll, diese Güll
Wohlstandsmüll

Übermütig wachsende
Brombeersträucher,
überdeckende Natur.
Heile Welt ,
symbolisierende Macht.
Nichts ahnende Kinder spielen,
lachend über Todesbalken,
pflücken, verzehren diese Botschaft.

Diese Füll, diese Güll,
Wohlstandsmüll

ITALIEN

Ach ich fahr so gerne,
in Urlaub in die Ferne.
Besonders zieht`s meinen Sinn,
nach dem Süden hin.

Die Musik aus der Taverne,
hör ich noch aus weiter Ferne.
Immer noch klingt`s an mein Ohr,
dieses Lied von Amor.

Blühende Apfelsinenhaine,
Meer und Strand
und dann die Weine.
Italien deinen Flair,
genieß ich ja so sehr.

Ich bin von dir entzückt,
drum komm ich jedes Jahr zurück.
Durchforsche deine Vergangenheit,
in der, ach so kurzen Zeit.

Hartwald-Klinik

Dieser Stolperstein,
bereitet mir immer noch Pein.
Geh ich des Morgens aus dem Bett,
find ich es gar nicht nett,
durchfährt mich ein Schmerz und au,
gleich denk ich an Bad-Brückenau.

Dieser unbeleuchtete Pfad,
auf dem man absolut nichts sah,
besonders nach ein paar Gläschen Domina.
Dies müsste ein Arbeitsunfall sein
und ich reich`s bei der Kasse ein.
Denn es gilt als ungeschriebenes Gesetz,
die nächtliche Therapie gehört ins Kostennetz.
Es ist dann bestimmt kein Versehn,
in vier Wochen könnt ich wieder vor der Hartwald-Klinik
stehn.

Reservier meinen Platz beim Wassertreten,
könnte über falschplatzierte Toupets reden.
Über goldlastige Damen,
die etwas fallen aus dem Rahmen.
Flirten mit nervösen, jugendlichen Magen,
fachkundig nach Schweinsleder oder Nappa fragen.

Die weltwirtschaftlich, wichtige Frage erörtern,
Hebel des Wasserkessels nach oben oder unten befördern.
Auch wäre ich nochmals über das Thema erbaut,
wie weit gehört Leder oder Latex an meine Haut.
Nochmals würde ich die drei Anlaufstationen beehren,
mit den netten, junggebliebenen Herren.

Mit Herrn Schwabe über das Sein oder Nichtsein
im Jenseits des Daseins diskutieren.
Und natürlich mit Jemandem um die Hartwaldklinik
marschieren.
Frau Dr. Nitschke über meinen spartanischen Lebenswan-
del aufklären,
da vier Wochen Kuraufenthalt angebracht wären.
Herrn Beisel`s Aussage „machen sie keinen Fehler"
zu revidieren,
aus Fehlern lernt man und ich bin lernbegierig.
Schwierig   schwierig   schwierig   schwierig

Fernseher

Der Seher in die Ferne,
der steht in meinem Zimmer.
Da seh ich lang und gerne
und hab dann einen Schimmer.

Hab auch gebucht die Lehre des Gangs,
zu lernen aus der Ferne.
Doch manchmal wird's mir angst und bangs,
da ist sie weich die Birne.

Ich sitz dazu im Stuhl des Schaukelns
und halt den Hefter schnell.
Dazu lass ich die Beine gaukeln,
schick den Impuls einen Appell.

Ist dann der Kolleg des Teles aus
und die Scheibe matt.
Find ich befließen und schnell heraus,
dass der Seher noch ein Programm hat.

Weiß....

Weiß steht Dir nicht
glaube mir
es macht Dich bleich
und kränkelich
glaube mir
es steht Dir nicht
und wenn Du drinnen liegst
im Sarg
so gibt es doch kein gutes Bild
und wirft ein schlechtes Licht auf mich
denn glaube mir
es steht Dir nicht.

Deine Adresse

Ich hab Dich gesucht
hinter Biergärten
unter Stühlen
zwischen Zeitungslektüren
und räudigen Hunden
zwei Tage
war ich mit Dir verbunden
das war das Verhältnis
das Verhalten zu Dir
Du ertränktest es
in Litern von Bier
ich hab Dich gesucht
auf dem Friedhof von Stein
ein Blatt, ein Blättchen
wehte frisch, fröhlich vorbei
unbeschriftet und leer
eine Anschrift von Dir
gab es nicht her.

Ich hab Dich gesucht
hinter Biergärten
unter Stühlen.

Gerade mal achtzehn

Mein Gott - Du bist jung
gerade mal achtzehn
mit zweihundert auf der Autobahn
mein Gott Du bist jung
und das es regnete
und der vor Dir bremste
wer konnte das ahnen
mein Gott Du bist jung
das die Bremse nicht dort war
wo sie sein sollte
wer konnte das wissen
mein Gott - das war dumm.

Verhältnis

Ich hatte mal ein Verhältnis
ein Verhältnis mit Dir
Du wusstest es nicht
es war sehr intim
quasi inkognito
es war so geheim
dass ich es manchmal nur ahnte
das Verhältnis ging etliche Jahre
ich hielt zu Dir die ganze Zeit
wie sich das für ein Verhältnis gehört
denn Verhältnis heißt halten
und ich hielt zu Dir - mein Gott hielt ich
wir wurden alt miteinander
ich war bei Dir gedankendlich
Du warst mein Traumprinz
als wir uns gestern trafen
sagte ich hallo Verhältnis
Du lachtest mich an
mit den Haaren - den drei
da war mein Verhältnis vorbei.

Schnelle Finger....

Schnelle Finger klicken,
fliegend über Tastaturen.
Geheimnisvolle Wortstrukturen,
Morsezeichen werd ich schicken.

Wörterfetzen, Punkt und Strich,
jede Minute verklicke ich,
Wissenswertes nur an dich.
Versende Infos, Blinddate massenhaft,
hab dich nervlich schon geschafft.

Quillt mir das Herz mal über,
auf den Display kannst Du sehn,
gedanklich werd ich mit Dir gehen.
Und übern Horizont
treffen wir uns wieder.

Meine Laune ist erhellt,
wenn bei mir das Handy schellt.
Klingelton
von Raemoon oder Elton John,
ich liebe diesen Handyton.

Nein, traurige Sachen...

Nein, traurige Sachen
willst Du nicht hören.
Immer Freude und Sonnenschein
und ein Lachen auf meinen Lippen.
Keine Probleme,
keine unlöslichen Dinge,
Heiterkeit, Dynamik
von früh bis spät.
Denn traurige,
ja, traurige Sachen
würden Dich nur stören.

Dieses Düstere und Grau,
reißt Dich hinab,
wo es Dich fröstelt
und Du ratlos bis,
mit Dir und den anderen.
Du fühlst Dich wohl
unter dem Mantel
der scheinbaren Freundlichkeit.
Sie kann Dich betören,
einfach nur Soma,
die Droge für Dich gemacht.
Da ist alles so friedvoll,
glücklich und hohl.

Denn bei traurigen Sachen,
fühlst Du Dich nicht wohl.

Bin auf Sand....

Bin auf Sand gelaufen,
ein ganzes Jahr auf Sand gelaufen.
Hab es nicht bemerkt,
denn meine Füße waren so leicht.

So leicht
von Ideen und Wunschgedanken.
Jetzt, da meine Füße schwer,
rieselt es zwischen den Zehen.

Ich sinke,
bei jedem Schritt,
bei jedem Schritt
mehr und mehr.

Jeder Schritt
ist mühsam, beschwerlich.
Es wird mir bewusst,
es war Sand,
nur endloser Sand.

Kein Bestand,
für ein festes Fundament.
Soweit mein Auge sieht,
nur endloser Sand.

Ich nehme ihn zwischen die Hand,
werfe ihn in den Wind,
sehe hinterher.
Er verflüchtigt sich in der Ferne,
wird schwer.

Wie meine Gedanken und Ideen.
Doch ich will nicht untergehen,
will nicht stehen.
Will gehen, gehen, gehen.

Der weiße Schimmel....

Der weiße Schimmel der Morgenröte,
lugt über den Saum der Düne.
Ein Duft Mandelblüte weht herbei,
legt sich sanft auf das Traumkissen
deiner Gedanken
und wandert mit dir wie ein Kind.
Der beschützende Mantel des Südwindes
gleitet empor, zu wohligen Orten.
Ein Hauch Jasmin breitet sich aus,
Flötenklänge erklingen.

Der Vogel des Maulbeerbaums sitz in der Ferne,
im Schnabel den Ring der Weisheit.

Gib mir mein Buch...

Gib mir mein Buch zurück,
in dem ich gelesen,
teils allein,
teils mit Dir.
In den Seiten geblättert,
verhalten gedacht, gelacht.
Manche Worte vergessen,
auf andere versessen.
In der Mitte stecken geblieben,
Du hast mich angetrieben.
Eselsohren reingedrückt,
darüber gelästert, verzückt.
Sie ausgebügelt und
doch Falten hinterlassen.
Manche Stellen überflogen,
zwischen den Zeilen geweint.
Manches markiert,
für eine andere Zeit.
Lass mich drinn blättern
und zu Ende bringen.
Teils mit Dir oder allein,
doch lass mir mein Buch
mein Eigen sein.

Sehnsucht

Sehnsucht, der du Träume berstest,
Wolkenreiter reißt sie auf.
Funken speien und gedeihen,
Götterhand führet frei.

Ach in meinen Träumen, Dor,
bin ich glücklich, du der Dor.

Sehnsucht, der du Schleier reißest,
Harke karger Boden Schlund.
Füllhorn, füllet und umhüllet,
Deas Zepter übern Grund.

Ach in meinen Träumen, Dor,
bin ich glücklich, du der Dor.

Sehnsucht, Hand des Odysseus,
tausend Tränen füllen Meere.
Der Gezeiten blühend Weiten
bürget Nähe, die so nah.

Ach in meinen Träumen, Dor,
bin ich glücklich, du der Dor.

Sehnsucht, diesen Trank du trinkest,
Zug um Zug und ist es Trug.
Mantel hüllet schützend ein.
Ist`s kein Lorbeerkranz,
so soll`s ein Blümlein sein.

Ach in meinen Träumen, Dor,
bin ich glücklich, du der Dor.

Was ist Zeit und Raum,

ein Sandkorn in der Galaxie.

Wenn wir einst nicht mehr sind,

unsere Hinterlassenschaften

werden sie an uns erinnern.